Mit Liebe und einem Schuß Raffinesse

Ob fein und zart, wild-aromatisch oder auch einmal alemberaubend scharf: Spaghetti, Orecchiette, Conchiglioni & Co. geben mit tollen Saucen einem Abend zu zweit das gewisse Etwas. Und sind so schnell zubereitet, daß noch genügend Zeit bleibt für die anderen schönen Dinge im Leben. Einfach verführerisch!

DUETTI DI PASTA

Tagliatelle piccanti

Superscharfes Schlemmermahl, das Feuer ins Geschehen bringt.

Mit Garnelen

Zutaten für 2 Personen:
200 g Tagliatelle
Salz
1–2 frische rote Chilischoten
2 Knoblauchzehen
1/2 Bund Petersilie
300 g gegarte, geschälte Garnelen
3 EL Olivenöl
2 EL trockener Weißwein

• Zubereitungszeit: 15 Min.

• Pro Portion etwa: 2800 kJ/670 kcal

Wenn Sie immer **Garnelen** auf Vorrat im Tiefkühlfach lagern, können Sie dieses Gericht auch ganz spontan für einen Überraschungsgast zubereiten. Die Garnelen in einem Sieb in 3–4 Std. auftauen lassen. Sie können getrockneten Chillie statt frischem nehmen und die Petersilie weglassen.

 1

Für die Nudeln reichlich Wasser zum Kochen bringen und salzen. Die Nudeln darin nach Packungsangabe al dente kochen, vorsichtshalber nach etwa 7 Min. schon einmal eine Nudel probieren (Seite 19).

 2

Während das Wasser heiß wird, die Chilischoten waschen, vom Stielansatz befreien und der Länge nach aufschlitzen. Die Trennwände mit den Kernen herauslösen, die Chilihälften in feine Streifen schneiden.

 3

Die Knoblauchzehen schälen und in feine Scheiben schneiden. Scheiben noch einmal teilen. Petersilie waschen, die Blättchen und die zarten Stiele fein hacken. Die Garnelen kalt abspülen und mit Küchenpapier trockentupfen.

 4

In einer Pfanne 1 EL Olivenöl erhitzen. Chilistreifen und Knoblauch darin bei mittlerer Hitze andünsten. Die Garnelen mit der Petersilie dazugeben und unter Rühren etwa 2 Min. braten. Den Wein angießen und die Garnelen mit Salz abschmecken. Die Nudeln abgießen, sofort mit den Garnelen und dem übrigen Öl in einer vorgewärmten Schüssel mischen und heiß servieren.

Spaghetti estivi

Heißer Sommer, kühle Sauce – ein Gegensatz, der für Abwechslung sorgt.

Mit kalter Gemüsesauce

Zutaten für 2 Personen:
50 g braune oder weiße Champignons
1 kleines Stück Rettich (etwa 70 g)
1 kleine Möhre
1 Stange Staudensellerie
1 Tomate
2 Frühlingszwiebeln
1/2 Bund Rucola
2 EL kaltgepreßtes Olivenöl
1 TL Zitronensaft
Salz
schwarzer Pfeffer
250 g Spaghetti

• Zubereitungszeit: 25 Min.
• Marinierzeit: 30 Min.

Pro Portion etwa: 2300 kJ/560 kcal

Im Frühling schmecken die Nudeln auch mit **Spargel** und **Kohlrabi** ganz köstlich. Dazu weißen Spargel schälen und in sehr feine Scheiben schneiden. Mit Kohlrabistiften, Kerbelblättchen und Raps- oder Distelöl mischen.

1

Die Pilze mit Küchenpapier sauber abreiben, von den Stielenden befreien und zuerst in dünne Scheiben, dann in feine Stifte schneiden. Den Rettich und die Möhre schälen und ebenfalls in Scheiben, dann in Stifte schneiden.

2

Den Sellerie waschen, die harten Fasern abziehen, das Stielende abschneiden. Den Sellerie in feine Scheiben schneiden. Die Tomate waschen und so fein wie möglich würfeln. Die Frühlingszwiebeln putzen, gründlich waschen und mit dem zarten Grün in feine Ringe schneiden. Den Rucola waschen und trockenschwenken. Von den harten Stielen befreien und fein hacken.

3

Alle zerkleinerten Gemüse mit Olivenöl und Zitronensaft mischen und mit Salz und Pfeffer würzen. Das Gemüse etwa 30 Min. ziehen lassen.

4

Dann für die Nudeln reichlich Wasser zum Kochen bringen und salzen. Die Nudeln darin nach Packungsangabe al dente kochen (Seite 19).

5

Die Nudeln abgießen und mit der kalten Sauce mischen. Sofort in vorgewärmten Tellern servieren oder abkühlen lassen und als Salat essen.

Pasta dell' armonia

Zweierlei statt einerlei – harmonisches Miteinander auf dem Teller.

Mit Tomaten- und Kapernsauce

Zutaten für 2 Personen:
Für die Nudeln:
150 g Mehl
1/4 TL Salz
1/2 EL Olivenöl
1 Ei • 1 Eigelb
Für die Saucen:
2 Tomaten
1 EL Crème fraîche
Salz • schwarzer Pfeffer
10 Basilikumblättchen
1 Bund Frühlingszwiebeln
1 TL Kapern • 1 EL Pinienkerne
1 EL Olivenöl • 1 TL Zitronensaft

• Zubereitungszeit: 50 Min.
• Ruhezeit: mindestens 1 Std.

Pro Portion etwa: 1925 kJ/460 kcal

1

Für den Teig das Mehl mit dem Salz, dem Öl, dem Ei und dem Eigelb zu einem glatten Teig verkneten. Falls der Teig zu feucht ist, noch etwas Mehl unterkneten, falls zu trocken, etwas Wasser dazugeben. Den Teig zu einer Kugel formen, in Pergament wickeln und 30 Min. bei Zimmertemperatur ruhen lassen (Seite 18).

2

Dann den Teig noch einmal durchkneten und auf wenig Mehl oder in der Nudelmaschine zu einer dünnen Platte oder mehreren Teigplatten ausrollen. Den Teig in schmale Bandnudeln schneiden, diese auseinander lösen (Seite 18). Auf einem bemehlten Küchentuch mindestens 30 Min. trocknen lassen.

3

Für die Saucen die Tomaten waschen und grob zerkleinern, mit der Crème fraîche pürieren. Mit Salz und Pfeffer abschmecken. Basilikum mit Küchenpapier abreiben und in Streifen schneiden. Unter das Tomatenmus mischen und in einen kleinen Topf geben.

4

Die Frühlingszwiebeln putzen, gründlich waschen und grob hacken. Mit den Kapern, den Pinienkernen und dem Olivenöl fein pürieren und mit Salz, Pfeffer und Zitronensaft abschmecken. Ebenfalls in einen kleinen Topf geben.

5

Für die Nudeln reichlich Wasser zum Kochen bringen, salzen. Die Nudeln darin je nach Trockenzeit in 1–3 Min. al dente kochen (Seite 19).

6

Gleichzeitig beide Saucen bei mittlerer Hitze warm werden lassen. Die Nudeln abgießen, je zur Hälfte mit roter und grüner Sauce mischen. Wiederum je zur Hälfte nebeneinander auf Teller geben.

Pasta spontanea

Schnell aus dem Vorratsschrank – wenn zwei ganz plötzlich Hunger kriegen ...

Mit Artischocken

Zutaten für 2 Personen:
200 g Fusilli, Orecchiette oder Penne
Salz
8 getrocknete Tomaten in Öl
4 eingelegte Artischockenherzen
1/4 unbehandelte Zitrone
1/2 Bund Basilikum oder andere Kräuter
2 EL Pinienkerne
schwarzer Pfeffer
1 Knoblauchzehe nach Belieben

• Zubereitungszeit: 15 Min.

Pro Portion etwa: 2330 kJ/ 555 kcal

Artischockenherzen schmecken in Öl eingelegt besser als in Essigsud gekocht. Sie bekommen sie – wie auch die Tomaten in Öl – in fast jedem Supermarkt. Am besten sind natürlich die, die es im Feinkostgeschäft offen zu kaufen gibt.

1

Für die Nudeln reichlich Wasser zum Kochen bringen, salzen. Die Nudeln darin nach Packungsangabe al dente kochen (Seite 19).

2

Inzwischen die getrockneten Tomaten abtropfen lassen und in feine Streifen schneiden. Die Artischockenherzen ebenfalls abtropfen lassen und der Länge nach achteln. Das Zitronenviertel heiß abwaschen und abtrocknen, die Schale mit dem Zestenreißer ablösen oder abreiben. Die Basilikumblätter mit Küchenpapier abreiben und in Streifen schneiden.

3

Kurz vor Ende der Garzeit der Nudeln eine beschichtete Pfanne heiß werden lassen. Die Pinienkerne darin bei mittlerer Hitze unter Rühren goldgelb rösten. Die Tomaten und die Artischocken mit dem Öl, das beim Schneiden ausgetreten ist, dazugeben. Die Tomatenmischung mit Zitronenschale, Salz und Pfeffer würzen, das Basilikum untermischen. Nach Wunsch die Knoblauchzehe schälen und dazudrücken.

4

Die Nudeln abgießen und sofort mit der Sauce mischen. In vorgewärmte Teller verteilen und möglichst rasch servieren.

Fettuccine agli aromi

Pikanterie für zwei, die's am liebsten würzig mögen.

Mit Gorgonzola und Tomaten

Zutaten für 2 Personen:
200 g Fettuccine
Salz
2 Frühlingszwiebeln
100 g Kirschtomaten
1 Bund Basilikum
100 g Gorgonzola
1/2 EL Olivenöl
50 g Sahne
schwarzer Pfeffer

• Zubereitungszeit: 15 Min.

Pro Portion etwa: 2760 kJ/660 kcal

Noch pikanter wird die Sauce, wenn Sie statt **Gorgonzola** den würzigeren Roquefort nehmen.

1

Für die Nudeln reichlich Wasser zum Kochen bringen und salzen. Die Nudeln darin nach Packungsangabe al dente kochen (Seite 19).

2

Während das Wasser heiß wird, die Frühlingszwiebeln putzen, gründlich waschen und mit dem zarten Grün in feine Ringe schneiden. Die Tomaten waschen und vierteln. Die Basilikumblättchen mit Küchenpapier abreiben und grob zerzupfen.

3

Den Gorgonzola würfeln. Das Öl in einem Topf erhitzen. Die Frühlingszwiebelringe darin bei mittlerer Hitze etwa 2 Min. andünsten.

4

Den Gorgonzola mit der Sahne und 3 EL Nudelkochwasser dazugeben und die Sauce bei schwacher Hitze unter Rühren so lange garen, bis der Käse geschmolzen ist.

5

Die Tomaten mit dem Basilikum untermischen und heiß werden lassen. Die Sauce mit Pfeffer und vorsichtig mit Salz (der Käse ist schon sehr würzig!) abschmecken.

6

Die Nudeln abgießen und mit der Sauce mischen. Auf vorgewärmten Tellern verteilen und rasch servieren.

Vermicelli dell' amore

Wenn beide davon naschen, stört der Knoblauch sicher nicht.

Mit Kräuter-Knoblauch-Öl

Zutaten für 2 Personen:
250 g Vermicelli
Salz
4–6 Knoblauchzehen
je einige Zweige Rosmarin, Thymian und Petersilie
einige Blättchen Rucola
1/2–1 getrocknete Chilischote
4 EL Olivenöl

• Zubereitungszeit: 15 Min.

Pro Portion etwa: 2720 kJ/650 kcal

1

Für die Nudeln reichlich Wasser zum Kochen bringen, salzen. Die Nudeln darin nach Packungsangabe al dente kochen (Seite 19).

2

Während das Wasser heiß wird, die Knoblauchzehen schälen und in feine Scheiben schneiden. Die Kräuter waschen, von den groben Stielen befreien und fein hacken. Chilischote im Mörser fein zerkrümeln.

3

Das Öl in einem Pfännchen nicht zu heiß werden lassen. Den Knoblauch, die Kräuter und den Chillie darin bei mittlerer Hitze unter Rühren braten, bis der Knoblauch goldgelb ist.

4

Die Nudeln abgießen und sofort mit der Knoblauchmischung vermengen. Eventuell noch etwas salzen und in vorgewärmten Tellern servieren.

Knoblauch sollte pralle, feste Zehen und eine glatte Haut haben. Am besten schmeckt junger Knoblauch, auf jeden Fall sollten die Zehen keine grünen Triebe haben. Übrigens ist Knoblauch mit rosa Häuten noch fein-aromatischer als der rein weiße.

Pasta della gioia

Zart und cremig, wunderbar aroma-
tisch, einfach verführerisch.

Mit Gemüse-Zitronensauce

Zutaten für 2 Personen:
200 g Spaghetti
Salz
1 Möhre
1 dünne Stange Lauch
100 g Zuckerschoten
100 g braune oder weiße Champignons
1/2 unbehandelte Zitrone
1 EL Butter
75 g Sahne
1 Kästchen Gartenkresse
1 EL Sonnenblumenkerne
schwarzer Pfeffer

• Zubereitungszeit: 15 Min.

Pro Portion etwa: 2655 kJ/630 kcal

1

Für die Nudeln reichlich Wasser zum
Kochen bringen, salzen. Die Nudeln
darin nach Packungsangabe al dente
kochen (Seite 19).

2

Während das Wasser heiß wird, die
Möhre schälen und zuerst in Scheiben
hobeln, dann in feine Streifen schneiden. Den Lauch putzen, längs aufschlitzen und gründlich waschen. Die Hälften
in 5 cm lange Stücke schneiden und
ebenfalls in Streifen teilen. Die Zuckerschoten waschen und entfädeln. Dann
schräg in 2 cm breite Stücke schneiden.
Die Pilze mit Küchenpapier sauber
abreiben, in feine Scheiben schneiden.
Die Zitrone heiß abwaschen, die Schale
fein abreiben, den Saft auspressen.

3

Die Butter in einem Topf erhitzen. Das
Gemüse und die Pilze darin unter Rühren bei mittlerer Hitze 2–3 Min. andünsten. Dann die Sahne und 3–4 EL vom
Nudelkochwasser dazugeben, salzen
und pfeffern. Das Gemüse zugedeckt
noch 5–6 Min. garen, bis es bißfest ist.

4

Inzwischen die Kresse abschneiden. Die
Sonnenblumenkerne in einer trockenen
Pfanne bei mittlerer Hitze goldbraun
rösten, beiseite stellen.

5

Zitronensaft und -schale zum Gemüse
geben, die Sauce mit Salz und Pfeffer
abschmecken. Die Nudeln abgießen und
mit der Sauce mischen. In vorgewärmte
Teller verteilen, mit Kresse und Sonnen-
blumenkernen bestreuen und möglichst
rasch servieren.

Pastateig herstellen

1 150 g Mehl mit Salz auf der Arbeitsfläche mischen, eine Mulde formen. Darin 1/2 EL Olivenöl, 1 Ei und 1 Eigelb verrühren und gründlich unter das Mehl kneten.

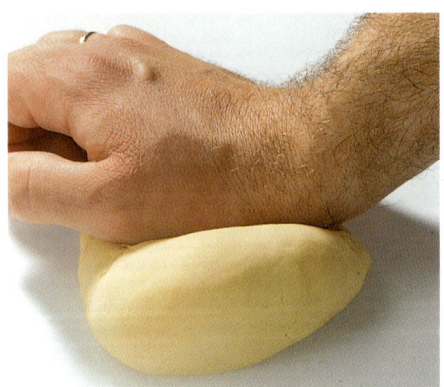

2 Den Teig kräftig durchkneten, bis er geschmeidig ist und schön glänzt. Falls er zu trocken ist, noch Wasser oder 1 Eigelb unterkneten. Unter zu feuchten Teig noch etwas Mehl einarbeiten.

Bandnudeln schneiden

1 Den Teig zu einer Kugel geformt und in Pergament gewickelt bei Zimmertemperatur 30 Min. ruhen lassen. Dann auf wenig Mehl zu einer möglichst dünnen Platte ausrollen.

2 Für Bandnudeln Teig mit Mehl bestäuben und aufrollen, in knapp 1 cm breite Scheiben schneiden. Auseinander lösen und auf bemehlten Küchentüchern mindestens 30 Min. trocknen.

Pasta richtig kochen

1 Bringen Sie pro 100 g Nudeln 1 l Wasser zum Kochen, bei 200 g Nudeln dürfen es durchaus 2 1/2–3 l sein, ins kochende Wasser etwa 1/2 EL Salz streuen.

2 Nudeln ins sprudelnd kochende Salzwasser geben, beim Garen immer wieder durchrühren. So bleiben sie nicht am Topfboden kleben. Nudeln probieren, damit sie nicht zu weich werden.

Nudeln füllen und schichten

1 Conchiglioni sind große Muschelnudeln, die sich gut füllen lassen. Nach dem Vorkochen abschrecken, mit zwei Fingern leicht öffnen. Dann Mischung mit einem Löffel einfüllen.

2 Lasagneplatten mit verschiedenen Zutaten in eine Form schichten. Damit die oberste Schicht nicht austrocknet, Nudelplatten zum Schluß immer mit etwas Sauce bedecken.

Pasta deliziosa

Damit wird der Abend zu zweit zum Fest für zwei.

Mit Lachs-Safran-Sauce

Zutaten für 2 Personen:
250 g Lachsfilet
1 EL Zitronensaft
1 Handvoll zarter Blattspinat
1/2 Döschen gemahlener Safran oder Safranfäden
80 ml Fischfond (aus dem Glas)
200 g Tagliatelle
Salz
1 EL Butter
schwarzer Pfeffer
1 EL Crème fraîche
Basilikumblättchen zum Bestreuen

• Zubereitungszeit: 25 Min.

Pro Portion etwa: 2780 kJ/665 kcal

Statt **Lachs** schmecken auch Kabeljau, Seeteufel oder Zander sehr gut.

1

Den Lachs kalt abspülen, trockentupfen und in etwa 1/2 cm große Würfel schneiden. Die Würfel mit dem Zitronensaft mischen.

2

Den Spinat verlesen, dicke Stiele abknipsen. Den Spinat gut waschen und abtropfen lassen. Den Safran im Fischfond anrühren.

3

Für die Nudeln reichlich Wasser zum Kochen bringen, salzen. Die Nudeln darin nach Packungsangabe al dente kochen (Seite 19).

4

Inzwischen für die Sauce die Butter zerlassen. Den Spinat darin unter Rühren zusammenfallen lassen. Den Fond angießen und kräftig aufkochen lassen, den Lachs einlegen und zugedeckt bei schwacher Hitze 3–4 Min. ziehen lassen.

5

Dann den Lachs vom Herd ziehen, mit Salz und Pfeffer würzen, die Crème fraîche vorsichtig unterziehen.

6

Die Nudeln abgießen und abtropfen lassen, in vorgewärmte Teller geben. Mit der Sauce überziehen und mit Basilikum bestreut servieren.

Pasta grandiosa

Gut gekocht ist halb erobert – macht riesig Eindruck, aber wenig Arbeit.

Mit Rindfleisch und Rosmarin

Zutaten für 2 Personen:
200 g Penne
Salz
200 g Rinderfilet
1 Knoblauchzehe
1 kleine rote Zwiebel
2–3 Zweige frischer Rosmarin
5–10 schwarze Oliven
1 EL Olivenöl
schwarzer Pfeffer
50 ml trockener Weißwein oder Brühe
50 g Sahne

• Zubereitungszeit: 20 Min.

Pro Portion etwa: 2655 kJ/635 kcal

Statt **Rinderfilet** schmecken auch Enten- oder Hähnchenbrust bzw. Kalbsfilet auf diese Weise zubereitet.

1

Für die Nudeln reichlich Wasser zum Kochen bringen, salzen. Die Penne darin nach Packungsaufschrift al dente kochen (Seite 19).

2

Während das Wasser heiß wird, das Fleisch von allen Sehnen befreien und zuerst in dünne Scheiben, dann in sehr feine Streifen schneiden. Den Knoblauch schälen und sehr fein hacken. Die Zwiebel schälen und halbieren, dann quer in feine Streifen schneiden. Den Rosmarin waschen, trocknen und die Nadeln abzupfen, fein hacken. Die Oliven in Streifen schneiden, dabei vom Stein befreien.

3

Das Öl in einer Pfanne erhitzen, die Fleischstreifen darin bei starker Hitze unter ständigem Rühren 1–1 1/2 Min. braten, wieder herausnehmen, salzen und pfeffern. Zwiebel und Knoblauch mit dem Rosmarin im verbliebenen Fett unter Rühren glasig dünsten.

4

Wein oder Brühe und Sahne angießen, Oliven untermischen und bei mittlerer Hitze offen garen, bis die Sauce leicht dickflüssig wird. Das Fleisch untermischen und wieder heiß werden lassen.

5

Die Nudeln in ein Sieb gießen, abtropfen lassen und in vorgewärmte Teller füllen. Die Sauce darüber verteilen.

Udoni asiatici

Auch fernöstlich läßt sich's trefflich genießen.

Mit Huhn und Gemüse

Zutaten für 2 Personen:
150 g japanische Udon-Nudeln
1 Hähnchenbrustfilet
1 rote Paprikaschote
50 g Austernpilze
4 Frühlingszwiebeln
50 g frische Sojasprossen
1 Knoblauchzehe
1 haselnußgroßes Stück frischer Ingwer
1/2 Bund Basilikum
3 EL neutrales Öl • 1 EL Sojasauce
2 EL Reiswein oder Hühnerfond
1 EL süßsaure Chilisauce (aus dem Glas; Asienladen) • 2 TL Sesamöl

• Zubereitungszeit: 35 Min.

Pro Portion etwa: 2320 kJ/555 kcal

1

Für die Nudeln reichlich Wasser zum Kochen bringen. Die Nudeln darin nach Packungsangabe nicht zu weich kochen (Seite 19). Kalt abschrecken und abtropfen lassen. Auseinander lösen.

2

Inzwischen das Hähnchenfleisch kalt abspülen und trockentupfen, dann in Streifen schneiden.

3

Paprika waschen, putzen und in Streifen schneiden. Pilze von den zähen Stielen befreien, mit Küchenpapier abreiben und in Streifen teilen. Die Frühlingszwiebeln putzen, waschen und mit dem zarten Grün in Ringe schneiden. Sprossen waschen und abtropfen lassen. Knoblauch und Ingwer schälen und fein hacken. Basilikumblättchen abzupfen und mit Küchenpapier abreiben.

4

Den Wok oder eine große Pfanne erhitzen, 1 1/2 EL Öl darin heiß werden lassen. Die Nudeln darin etwa 1 Min. braten, ohne zu rühren, dann wenden und unter Rühren noch kurz braten. Die Nudeln herausnehmen.

5

Das übrige Öl heiß werden lassen, die Fleischstreifen darin unter Rühren 2 Min. braten, herausnehmen. Nun Knoblauch, Ingwer und Frühlingszwiebeln etwa 1/2 Min. braten, dann die Pilze, die Paprikastreifen und die Sprossen unterrühren. Unter ständigem Rühren 2–3 Min. braten, bis die Paprikastreifen bißfest sind.

6

Sojasauce, Reiswein und Chilisauce mischen und zum Gemüse gießen. Das Hühnerfleisch und die Nudeln untermischen und heiß werden lassen. Basilikum unterheben und die Nudeln mit dem Sesamöl beträufelt servieren.

Lasagne per la Nuova Fiamma

Wer die neue Flamme so verwöhnt, hat beste Chancen.

Mit Safran und Mascarpone

Zutaten für 2 Personen:
300 g junge Zucchini
1 EL Olivenöl
3 EL trockener Weißwein oder Wasser
1/2 Döschen gemahlener Safran
Salz
50 g roh geräucherter Schinken
300 g reife, aber feste Tomaten
150 g Mascarpone
1 Ei
75 ml Milch
50 g frisch geriebener Parmesan
schwarzer Pfeffer
100 g Lasagneblätter (ohne Vorkochen verwendbar)
2 TL Butter (+ Butter für die Form)

• Zubereitungszeit: 35 Min.
• Backzeit: 35 Min.

Pro Portion etwa: 3825 kJ/915 kcal

1

Die Zucchini waschen, putzen und in etwa 1/2 cm dicke Scheiben schneiden. Das Öl in einer Pfanne erhitzen, die Zucchinischeiben darin bei mittlerer bis starker Hitze braten, bis sie leicht gebräunt sind. Wein oder Wasser mit Safran mischen und angießen. Die Zucchini salzen und beiseite stellen.

2

Den Schinken in feine Streifen schneiden. Die Tomaten waschen und in möglichst dünne Scheiben schneiden. Den Mascarpone mit dem Ei, der Milch und dem Käse verrühren und mit Salz und Pfeffer abschmecken. Den Backofen auf 200° vorheizen.

3

Eine rechteckige, feuerfeste Form einfetten, dann den Boden mit Nudelblättern bedecken, darauf jeweils einige Zucchini- und Tomatenscheiben, etwas Schinken und Mascarponecreme füllen. Je nach Größe der Form noch ein- bis zweimal Nudeln, Zucchini, Tomaten, Schinken und Mascarpone einschichten. Zum Schluß Nudelblätter mit Zucchini, Tomaten und Mascarponecreme bedecken (Seite 19). Die Butter in kleinen Flöckchen darauf verteilen.

4

Die Lasagne im heißen Ofen (Mitte, Umluft 180°) etwa 35 Min. backen, bis sie gebräunt ist und die Nudelblätter weich sind.

Pasta della magnificenza

Was lange währt, wird wunderbar –
nicht nur beim Pastasugo.

Mit Hähnchen-Bolognese

Zutaten für 2 Personen:
1 Hähnchenbrustfilet (etwa 200 g)
1 Scheibe roher Schinken
1 Bund Suppengrün
2 Tomaten
1–2 Zweige frischer Thymian (ersatzweise 1 Messerspitze getrockneter)
1 EL Olivenöl
50 ml trockener Weißwein oder
Hühnerbrühe
Salz
schwarzer Pfeffer
1 Prise Zimt
200 g Orecchiette
frisch geriebener Parmesan zum
Servieren

• Zubereitungszeit: 40 Min.

Pro Portion etwa: 3220 kJ/770 kcal

1

Das Hähnchenfleisch kalt abspülen,
trockentupfen und sehr fein würfeln.
Den Schinken mit Fettrand sehr fein
schneiden. Das Suppengrün schälen
oder waschen, putzen und fein würfeln
oder hacken.

2

Die Stielansätze der Tomaten keilförmig
herausschneiden. Die Tomaten kurz
überbrühen, häuten und in kleine Würfel schneiden. Den Thymian waschen,
trockentupfen und die Blättchen von
den Stielen streifen.

3

Das Öl in einem Topf erhitzen. Das Suppengrün mit dem Schinken darin andünsten. Das Hähnchenfleisch unter
Rühren mitbraten, bis es sich gleich-
mäßig hell gefärbt hat.

4

Den Thymian mit den Tomaten dazugeben, alles mit dem Wein aufgießen und
mit Salz, Pfeffer und Zimt abschmecken.
Den Sugo offen bei schwacher bis mittlerer Hitze 20–25 Min. köcheln lassen.

5

Inzwischen für die Nudeln reichlich
Wasser zum Kochen bringen, salzen.
Die Nudeln darin nach Packungsangabe
al dente kochen (Seite 19), abgießen
und gut abtropfen lassen. In vorgewärmten Tellern verteilen und mit Sugo
bedecken. Mit frisch geriebenem Parmesan bestreut servieren.

Conchiglioni a sorpresa

Muschelnudeln mit überraschend köstlicher Füllung

Mit Spargel-Kalb-Füllung

Zutaten für 2 Personen:
etwa 125 g Conchiglioni (große Muschelnudeln)
Salz • 250 g weißer Spargel
1 Prise Zucker • 150 g Kalbsfilet
2 Frühlingszwiebeln
1/2 Bund Petersilie
125 g Mozzarella
1 Eigelb • 2 EL Semmelbrösel
weißer Pfeffer
100 ml trockener Weißwein (ersatzweise Kalbsfond mit etwas Zitronensaft)
2 EL Sahne
40 g frisch geriebener Pecorino
2 TL Butter

• Zubereitungszeit: 35 Min.
• Backzeit: 35 Min.

Pro Portion etwa: 2865 kJ/685 kcal

1

Für die Nudeln reichlich Wasser zum Kochen bringen, salzen. Die Conchiglioni darin nach Packungsangabe al dente kochen (Seite 19), gründlich abschrecken und abtropfen lassen.

2

Inzwischen auch für den Spargel reichlich Salzwasser aufkochen. Den Spargel waschen und von den holzigen Enden befreien. Die Stangen von oben nach unten gründlich schälen und mit dem Zucker ins kochende Wasser geben. Zugedeckt etwa 15 Min. kochen, bis die Stangen bißfest sind. Dann abtropfen lassen und fein würfeln.

3

Das Kalbsfilet in Scheiben, dann ebenfalls in Würfel schneiden. Die Frühlingszwiebeln putzen, gründlich waschen und mit dem zarten Grün in feine Ringe schneiden. Die Petersilie waschen, die Blättchen fein hacken. Den Mozzarella fein würfeln.

4

Den Backofen auf 200° vorheizen. Den Spargel mit Kalbfleisch, Mozzarella, Frühlingszwiebeln, Petersilie, dem Eigelb und den Semmelbröseln mischen und mit Salz und Pfeffer abschmecken. Masse in die Muscheln füllen (Seite 19) und diese nebeneinander in eine feuerfeste Form setzen.

5

Den Wein mit der Sahne mischen und seitlich angießen. Den Käse über die Muscheln streuen. Alles mit der Butter in kleinen Flöckchen belegen. Nudeln im heißen Ofen (Mitte, Umluft 180°) etwa 35 Min. backen, bis sie schön gebräunt sind.

Fusilli alla siciliana

Feurig und zart zugleich – nicht nur in Sizilien eine begehrte Kombination.

Mit Gemüse-Ricotta-Ragout

Zutaten für 2 Personen:
1 kleiner Zucchino
1 Stück Aubergine (etwa 100 g)
1/2 rote Paprikaschote
1 große Tomate
1 Knoblauchzehe
1 getrocknete Chilischote nach Belieben
1 EL Olivenöl
50 ml Gemüsebrühe
Salz
200 g Fusilli
50 g weicher Ricotta
1 TL Zitronensaft

• Zubereitungszeit: 40 Min.

Pro Portion etwa: 2050 kJ/490 kcal

1

Zucchino und Aubergine waschen und in kleine Würfel schneiden. Paprikahälfte waschen, putzen und ebenfalls würfeln. Den Stielansatz der Tomate entfernen. Die Tomate kurz überbrühen, häuten und fein würfeln.

2

Den Knoblauch schälen und fein hacken. Die Chilischote im Mörser fein zerstoßen oder zwischen den Fingern zerreiben. (Hände anschließend sehr gut waschen und nicht in den Augen reiben, die Schärfe haftet an der Haut).

3

Das Olivenöl in einem Topf erhitzen. Die Auberginenwürfel darin rundherum anbraten. Dann den Zucchino und die Paprika dazugeben und kurz mitdünsten. Tomatenwürfel, Knoblauch und Chillie unterrühren, mit der Brühe aufgießen und salzen. Das Gemüseragout zugedeckt bei schwacher Hitze etwa 20 Min. schmoren.

4

Inzwischen für die Nudeln reichlich Wasser zum Kochen bringen, salzen. Die Nudeln darin nach Packungsangabe al dente kochen (Seite 19).

5

Den Ricotta unter die Gemüsesauce ziehen, mit dem Zitronensaft und eventuell mit Salz abschmecken. Die Nudeln abgießen, abtropfen lassen und in vorgewärmten Tellern verteilen. Gemüse darauf verteilen und rasch servieren.

© 1999 Gräfe und Unzer Verlag GmbH, München.

Alle Rechte vorbehalten. Nachdruck, auch auszugs-

weise, sowie Verbreitung durch Film, Funk und

Fernsehen, durch fotomechanische Wiedergabe,

Tonträger und Datenverarbeitungssysteme jeder Art,

nur mit schriftlicher Genehmigung des Verlages.

Die Temperaturangaben bei Gasherden
variieren von Hersteller zu Hersteller. Welche Stufe
Ihres Herdes der jeweils angegebenen Temperatur
entspricht, entnehmen Sie bitte der Gebrauchsan-
weisung. Bei Elektroherden können die Backzeiten
je nach Herd variieren.

Redaktion: Ina Schröter

Lektorat: Susanne Bodensteiner

Umschlaggestaltung:

Independent Medien Design/Claudia Fillmann

Titelfoto: FoodPhotography Eising/Martina Görlach

Grafik: Studio Greif

Farbfotos Innenteil: Fotostudio Teubner

Herstellung: Verena Römer

Satz: Computersatz Wirth

Reproduktionen: Fotolito Longo

Druck und Bindung: Alcione

ISBN: 3-7742-1465-4

Auflage:	5.	4.	3.	2.
Jahr:	2003	2002	2001	2000

SÜNDIG, SINNLICH, SAHNIG!

Neue Hits aus der Trendy-Küche der Reihe "leicht gemacht"